FULL SCORE

WSJ-18-012
<吹奏楽J-POP楽譜>

Lemon

米津玄師　作曲
宮川成治　編曲

楽器編成表		
木管楽器	金管・弦楽器	打楽器・その他
Piccolo	B♭ Trumpet 1	Drums
Flutes 1 (& *2)	B♭ Trumpet 2	*Timpani
*Oboe	*B♭ Trumpet 3	Percussion 1
*Bassoon	F Horns 1 (& *2)	…Finger Cymbal or *Triangle ,
*E♭ Clarinet	F Horns 3 (& *4)	Triangle,Tambourine,Wind Chime
B♭ Clarinet 1	Trombone 1	*Percussion 2
B♭ Clarinet 2	Trombone 2	…Bass Drum,Claves,Cabasa
*B♭ Clarinet 3	*Trombone 3	Percussion 3
*Alto Clarinet	Euphonium	…Glockenspiel
Bass Clarinet	Tuba	Percussion 4
*Soprano Saxophone	Electric Bass	…Vibraphone
Alto Saxophones 1 (& *2)	(String Bass) ※パート譜のみ	
Tenor Saxophone		
Baritone Saxophone		Full Score

＊イタリック表記の楽譜はオプション

Lemon

◆曲目解説◆

　若者を中心に大人気のアーティスト、米津玄師が2018年3月14日にリリースした楽曲。TBS系金曜ドラマ「アンナチュラル」の主題歌として書き下ろされました。大切な人を失った悲しみを歌っており、切なくも美しい音楽で「生」と「死」が巧みに表現されています。そんな原曲の魅力を、余すことなく吹奏楽で再現。曲中のソプラノサックスのソロは、アルトサックスやトランペットでも演奏可能なので、バンドの色に合わせてソロ楽器を選んでみてください。今大注目の一曲を、吹奏楽ならではの美しい響きでお楽しみください！

◆宮川成治　プロフィール◆

　1972年、神奈川県三浦市生まれ。高校時代に吹奏楽と出会い、音楽人生が始まる。当時は打楽器を担当していた。作編曲は独学で、初めて編曲じみた事をしたのは高校3年生の頃だったように記憶している。その後、一般の大学に進むも音楽の楽しさが忘れられず、学生バンドの指導を始め今に至る。
　作曲よりも現場のニーズに合わせた編曲をする事が多く、叩き上げで今の技術と知識を身に付けた。現在は学生バンドを指導する傍ら、地域の吹奏楽団・ビッグバンド等で演奏活動を続け、作品を提供している。主な吹奏楽作品に『BRISA LATINA』、『CELEBRATION』、『STAR of LIFE』、『Angels Ladder』、編曲作品多数。第12回「21世紀の吹奏楽"響宴"」入選、出品。

Lemon - 2

Lemon - 5

Lemon - 6

Lemon - 9

Lemon - 10

ご注文について

ウィンズスコアの商品は全国の楽器店、ならびに書店にてお求めになれますが、店頭でのご購入が困難な場合、当社PC&モバイルサイト・FAX・電話からのご注文で、直接ご購入が可能です。

◎当社PCサイトでのご注文方法
http://www.winds-score.com
上記のURLへアクセスし、WEBショップにてご注文ください。

◎FAXでのご注文方法
FAX. 03-6809-0594
24時間、ご注文を承ります。当社サイトよりFAXご注文用紙をダウンロードし、印刷、ご記入の上ご送信ください。

◎電話でのご注文方法
TEL. 0120-713-771
営業時間内にお電話いただければ、電話にてご注文を承ります。

◎モバイルサイトでのご注文方法
右のQRコードを読み取ってアクセスいただくか、URLを直接ご入力ください。

※この出版物の全部または一部を権利者に無断で複製(コピー)することは、著作権の侵害にあたり、著作権法により罰せられます。

※造本には十分注意しておりますが、万一落丁乱丁などの不良品がありましたらお取替え致します。また、ご意見ご感想もホームページより受け付けておりますので、お気軽にお問い合わせください。

Oboe

ドラマ「アンナチュラル」主題歌

Lemon

米津玄師

米津玄師 作曲
宮川成治 編曲

MEMO

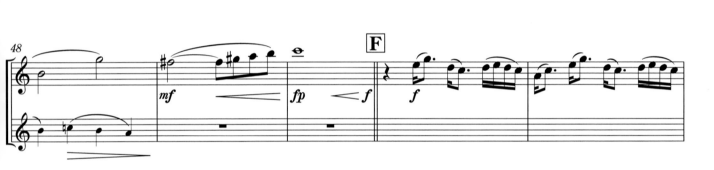

Lemon

Alto Saxophone 1

ドラマ「アンナチュラル」主題歌

米津玄師

米津玄師 作曲
宮川成治 編曲

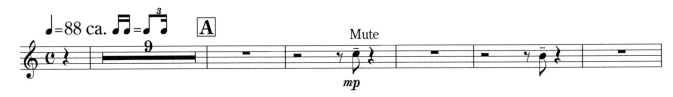
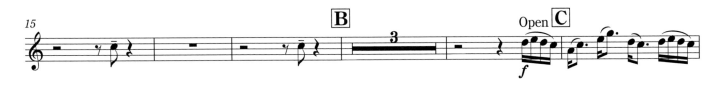

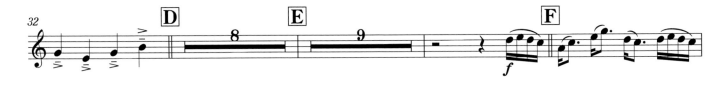

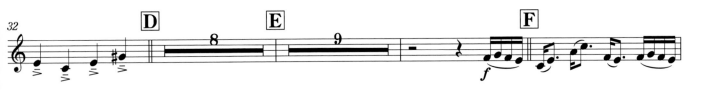

Lemon

Trombone 1

ドラマ「アンナチュラル」主題歌
米津玄師

米津玄師 作曲
宮川成治 編曲

Lemon

Trombone 2

ドラマ「アンナチュラル」主題歌
米津玄師

米津玄師 作曲
宮川成治 編曲

Trombone 3

ドラマ「アンナチュラル」主題歌
Lemon
米津玄師

米津玄師 作曲
宮川成治 編曲

Tuba

ドラマ「アンナチュラル」主題歌

Lemon
米津玄師

米津玄師 作曲
宮川成治 編曲

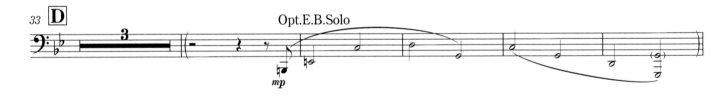

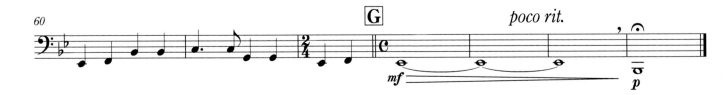

MEMO

String Bass

ドラマ「アンナチュラル」主題歌
Lemon
米津玄師

米津玄師 作曲
宮川成治 編曲

Drums

ドラマ「アンナチュラル」主題歌

Lemon
米津玄師

米津玄師 作曲
宮川成治 編曲

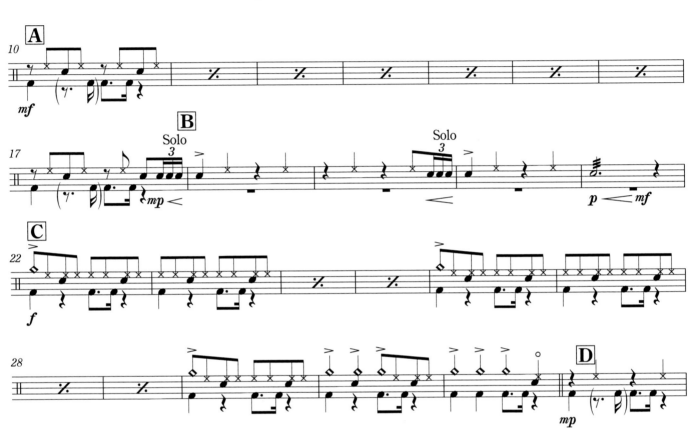
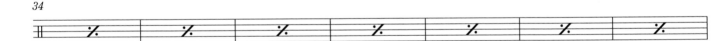

Lemon

ドラマ「アンナチュラル」主題歌
米津玄師

Timpani

米津玄師 作曲
宮川成治 編曲

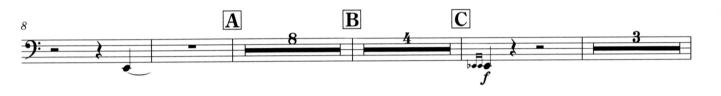

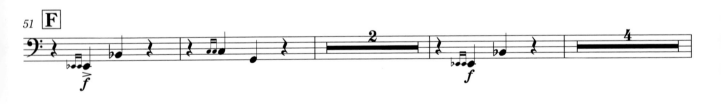

Percussion 1

Finger Cymbal or Triangle, Triangle, Tambourine, Wind Chime

ドラマ「アンナチュラル」主題歌

Lemon
米津玄師

米津玄師 作曲
宮川成治 編曲

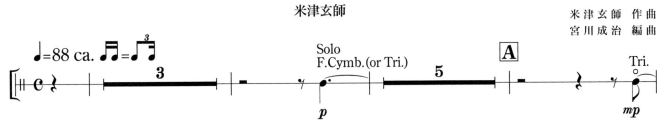

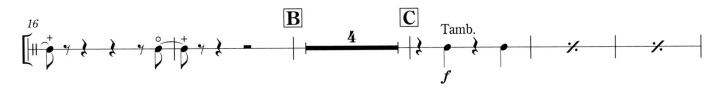
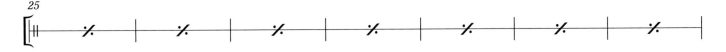
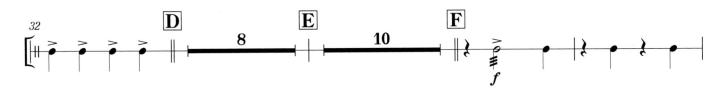
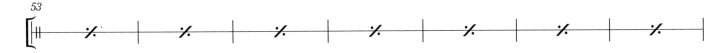
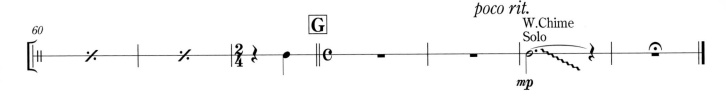

Percussion 2
Bass Drum, Claves, Cabasa

ドラマ「アンナチュラル」主題歌
Lemon
米津玄師

米津玄師 作曲
宮川成治 編曲

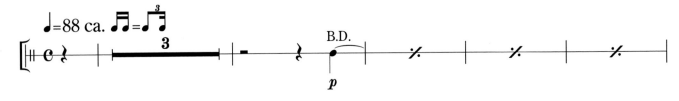
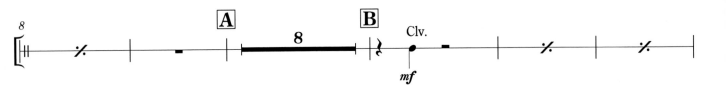
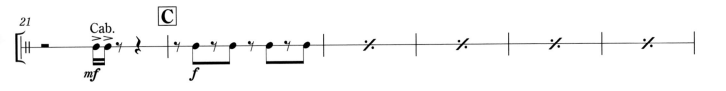